구겨진 종이가 멀리 날아간다

김영천 제8시집

시인의 말

이제 소리가 트일 때도 되었는데
아직도 쩍쩍 갈라지거나
목이 쉬어
가라앉은 소리로 지친다

감성과 관념 사이를 오고 가며
사설과 난해 사이를 오고 가며
몇 번씩이나 피를 토해도
아직 소리가 트이지 않는다

통통 부어오른 목을 싸매고
마땅히 당신 앞에 서서 부끄러워 하다가
불쑥 떠오르는 해라도 삼켰는지
뜨거운 피돌기,

제 안으로 용암처럼 끓는
음소의 단위들이
중얼중얼거리며 제 숨길을
열어 놓는다

조금씩 절제하여 중언부언을 막고
의미와 무의미의 구분 없이
형태를 짓는다며
메마른 가슴을
이슬 같은 눈물로 적신다

| 차례

시인의 말　6

사람은 사랑의 대상이다

14　무슨 일을 시작하려면
15　시를 위한 산란
16　나의 실패
18　불동이
19　환경스페셜
20　'외'
21　아가야, 어서 집으로 가
22　공간 속의 새
23　사람은 사랑의 대상이다
24　당신이 기르는 것들
26　블랙홀
27　사함석蛇舍石
28　손끝이 아닌 이유
30　구겨진 종이가 멀리 날아간다
32　그리스인 조르바
34　제 마음을 빚어내는 조각
36　누구나 나이를 먹는다
38　하늘을 나는 새는 체온이 40도다

서둘러 꽃 피우지 말라

- 40 음력 시월
- 42 말의 감옥
- 44 물고기가 된 사람들
- 45 새끼줄
- 46 중심을 잡기 위해서
- 48 죽어가는 새의 똥구멍을 불어본 적이 있는가
- 50 수묵화
- 52 혼불
- 54 뼈대 있는 자손
- 56 우리 이렇게 나누어지기 전엔
- 57 두륜산 북암에서 만난 마애불
- 58 장구벌레는 꼬리로 숨을 쉰다
- 60 해마의 사랑
- 62 해탈하는 나이
- 64 어느 해 동지에
- 65 서둘러 꽃 피우지 말라

하나님, 인심 좀 써주세요

68 파도의 몸짓
69 나무의 결
70 가을 편지
71 자화상 · 2
72 별에게 가는 길
74 하나님, 인심 좀 써주세요
75 해걸이 했던 감나무의 노래
76 어디에 계시는가
78 후두둑
79 생각의 실체
80 나를 내어 주는 길
82 생명의 회귀
84 병산서원에게 보내는 인사
86 시의적절한 편지
88 경로석은 하늘의 자리
90 나는 테러리스트입니다
92 훈기로 살아오다
94 웃음은 무슨 색깔일까

내가 튼 둥지	96	네델란드의 속담
	98	어미 새의 발자국
	99	저 작은 세상에도
	100	내가 튼 둥지
	102	시청
	103	소리의 속도
	104	저작
	106	지켜보는 말
	108	거기라는 이름
	110	팔음八音
	112	어쩌라고
	113	굽은 길
	114	에라이, 모르겠다
	115	날개를 말리는 것이 우선이다
	116	무담시

117   평설 | 노창수

사람은 사랑의 대상이다

사람은 감동의 대상이 아니라
오직
사랑의 대상일 뿐이다

무슨 일을 시작하려면

옷고름을 맬 때는
좌우가 허투루 열리지 않게
꼭 붙들어 매야 하고

입은 옷차림이 허름하지 않고
빛나게 보이도록 매야 하지만

더욱 중요한 것은
옷을 벗을 때에 쉽게 풀려야 한다

그러니,
세상 모든 일을
너무 단단히 매는 데만 힘을 쓰진
말아라

시를 위한 산란

꼬리를 물 깊이 잠수시켜
수초 줄기 속에 알을 낳는
물잠자리의 지혜는
3억년이나 오래오래 제 종족을 유지시켰네

나는 세상 유희에나 휩쓸리는
날개를 접고
어느 수심에 꼬리를 깊이 박을까

가장 안전한 곳에 내 말들을 낳고
삼백, 아니 삼십 년이라도
그 종족을 유지케 할까

비록 유충들이 서너 해 동안의 수중생활도
견디지 못해
태반이 잡혀먹고 말더라도

한 마디의 말이라도 깨어나
끝내 수면을 박차고 날아오르면
무슨 큰 계획이나 꿈은 다 접고
그 짧은 수명을 사랑에나 바치는 것이

옳겠네

나의 실패

"동물의 세계"를 보다가
군함 갈매기나 흰머리독수리들이,
수천, 수만 년을 내내 날아오르고
또 내려앉는 것들이
만만하게만 보이는 착지를
쉬이 하지 못하는 것을 보았네

날개를 접으며
다리를 모으며
땅에 내려서는 그대로 서지 못하고
미끄러지며 넘어지며 한참이나 가다가
겨우 서네

살며시 내려앉는 방법을 아직 모르고
아하, 나의
가끔의 실수가 그렇구나

오래 오래 익숙하여도
나의 실패가 그렇구나

군함갈매기나
흰머리독수리처럼 비척비척거리다가
아닌 듯, 의젓하게 서서
주위를 한 바퀴 돌아보네

혹여,
눈치 채셨는가

불동이

당나라에 가서 무외삼장無畏三藏을 뵙고 배우기를 청하니 삼장이, "우이嵎夷의 사람이 어떻게 법기法器가 될 수 있겠는가"하고 가르쳐 주지 않았다. 그러나 혜통은 쉽게 물러가지 않고 3년 동안이나 부지런히 섬겼다. 그래도 무외無畏가 허락하지 않자 혜통은 분하고 애가 타서 뜰에 서서 불동이를 머리에 이고 있었다. 조금 후에 정수리가 터지는데 소리가 천둥과 같았다. —삼국유사

배움이 이 같지 않고서야
어찌 시다운 시 한 편이라도 쓰겠는가

불동이를 이고
정수리가 터져 천둥소리가 들릴 때까지
정진해야겠다

환경스페셜

곤충에도 프라이버시가 있다오
그 은밀한 사생활이라니,

산란한 새끼들을 위해
제 몸을 내어주는 집게벌레의 어미나
알이 부화할 때까지 물 한 모금 먹지 않고
그 곁을 지키다 죽는
애사끼뿔노린재나,

자신의 몸을 물에 적셔
정성스레 알의 수분을 조절하는 아비 물장군이나
백 개도 넘는 무거운 알을 부화할 때까지
영락없이 등에 지고 다니는 물자라 수컷이나

세상의 어미, 아비들처럼 아무도 모르는 곳에서
가끔씩 속울음 우는,
그런 곤충의 사생활을 아시오?

'외'

너무 멀어
내 어머니를 늘 슬프게 한 외가의 '외'나
짝 잃은 외기러기의 '외'나
목포 앞바다 외달도의 '외'나

꼭, 창가에 고개를 길게 빼고
기다림에 지친 모습이다
찰랑찰랑,
상자 안에 든 눈물의 모습이다

아무 글자라도 '외'자만 갖다 붙이면
이내 그 실존을 외롭게 만들고 마는
꼭 어떤 몹쓸 그리움 같은
'외'라는 접두어를
나는 지금까지 몇 개나 가슴 속에 모아 두었는지
이제는 웬만한 '외'로움 따위는
오랜 친척처럼 반갑다

세상이나 당신들을 앞에 두듯
글자 하나를 앞에 두고
아무래도 나는 너무 '외'곬로 빠졌다

아가야, 어서 집으로 가

올무에 고라니 어미가 걸려 죽었다는데
꽁꽁 얼어 죽었다는데
어여 집으로 가라는 엄마 말 듣지 않고
새끼도 품에 안겨 죽었다는데

고라니 피, 사슴 피 먹고 정열이 솟구친 사람들은
멱살 잡고 싸움질이나 하지 않는지 몰라
땅뙈기 한 뼘이라도 더 차지하려고
사기나 치고 있지 않는지 몰라

새끼 고라니는 사실은 갈만한 집이 없었다는 걸
사실은 엄마 품이 가장 안전한 것으로
믿고 있었다는 걸 알면서도
엄마는 자꾸만 어여 집으로 가라고
꽁꽁 얼어가는 가슴 붙들고 말했을 거구만

가르랑 가르랑,
애기 고라니 숨소리 얼어붙는 소리가
어쩌면 천둥벼락이라도 되지 않을란가
저 혈기왕성한 모리배들, 협잡군들
몽땅 내려치지 않을란가

공간 속의 새

콘스탄틴 브란쿠시는 물고기를
사실대로나 어떤 기법으로 그리지 않고
매끄러운 유영을 그린다 하네

한 편의 드라마도 순간으로 응집시켜버리는
놀라운 간소화,

시인들의 시는 점점 길어지는데
한 마디로 축약하지 못하고 중언부언하는데

가깝게 다가서지 못하고
참 뜻을 찾아내지 못하고
변방의 것들부터 구구절절 써내는
그대들이여

과감히 잘라내라
군살을 빼라
깊숙이 숨어 있는 사물의 본질을
생명의 원형을 써내라

오,
단 한 마디의 의미로

사람은 사랑의 대상이다

사람을 믿었다가
절망하거나 슬퍼하지 말라
사람은 믿음의 대상이 아니라
사랑의 대상이다

배신하고 돌아서고
굳게 다무는 것

외면하고 거절하고
황망이 떠나는 것

몇 번씩 몇 번이나
용서하며
눈물 흘리며
아직도 참으시는가

사람은 감동의 대상이 아니라
오직
사랑의 대상일 뿐이다

당신이 기르는 것들

뼈 빠지게 고생해서 겨우
쌀 몇 섬 건졌다고 말씀 하시지만

봄이면 이쁘게 자운영을 키우시듯
요깃거리로 잡아오던 메뚜기도 기르시고
휘이휘이 허수아비를 꼽아두고 내쫓긴 하였어도
수많은 참새 떼며, 철새들도 기르시고
논물을 빼던 날 우리가 즐겨 잡던 미꾸라지나 고동이나
모두 다 당신이 기르셨지요

하물며 숨어 지내던 들쥐들도 당신이 기르시니
우리가 알지 못하는 작은 벌레들까지
참 많은 것들을 기르셨네요

누가 저벅저벅 그 물 논에 들어가
감히 세상을 일구겠습니까

부동산 투기다 증권이다 모두 다 일확천금을 꿈꾸거나
땅을 팔고 대처로 나갈 궁리만 하는데

당신은 돌아앉아 황토빛 노을을 바라보면서
이제야 담배 한 대를 마음 놓고 피우십니다

일용할 양식 말고도
당신은 나와 나의 자식들과
우리의 세상을 지금도 다 기르십니다

블랙홀

지구에서 5500광년 떨어진
처녀자리 은하단에 속한 블랙홀 사진이 올라왔는데
위장 내시경 사진과 똑 같다

아무 것이나 빨아들인다는 블랙홀처럼
위장도 주는대로 받아 삼키는 것까지 닮았다

아인슈타인의 상대성 원리로 발견한
입에서 위장까지의 거리가 5500광년이라니
놀라운 일이다

사함석蛇含石

　동면하기 전에 뱀이 체온을 유지하기 위해 잘 먹어야하는 것은 알지만 흙덩이를 먹어 입을 막는 것은 알지 못했습니다 봄이 오면 그 흙덩이를 뱉어내어 비로소 세상과 소통하는 것이군요 갓난아이는 아무 것도 먹지 않고서 처음 싸는 배내똥으로 세상과 소통하는 것처럼요 그러니 입을 다물고 함묵하신들 기다리고 있겠습니다 봄으로 그 뱉어낼 뜨거운 말씀을 꽁꽁 언 두 손으로 받아들겠습니다

　사랑이든
　절망이든
　아아.

손끝이 아닌 이유

입 아래 있지 않고
우리의 두 눈이
서슬 퍼런 이마 아래 있는 것은
말보다 먼저 보라는 것일 터이지요
발보다 멀리
보라는 것일 터이지요

욕망이나 무모처럼
제 위를 치켜 올려 보긴 또 얼마나 쉬운지요
그 때마다 발밑이
얼마나 까마득한지요

한 걸음, 한 걸음
눈길이 머물렀던 자리마다
비로소 안도합니다

눈물이 가슴을 따라 흐르지 않고
더러 발등에 떨어지는 건
아픔을 깨달으라는 것이겠지요

한 걸음 한 걸음
조심해서 걸으라는 것이겠지요

기도를 드리듯
아득한 시야를 접어
잠시 평안을 도모합니다

구겨진 종이가 멀리 날아간다*

그렇게
무덤덤한 시선은 사절합니다

증오나 멸시의 눈길을 주시던지
차라리 야멸차게 구겨서
멀리 던지십시오

곱게 접은 종이비행기는
오히려 유선의 미를 즐기며
돌아오고야 말 것입니다

무엇을 적었던지,
수없이 지우고 적고 또다시 지웠던지
이젠 망설임 없이 나를
구겨버리세요

한 장의 파지가 가는 길이
역사의 한 페이지라면
단정하게 갈피를 짓지 않겠습니다

휘익, 하는 소리 한 마디 없이
멀리 날아가
툭,
꽃처럼 떨어지겠습니다

제발
반전은 기대도 하지 마세요

* 베르나르 베르베르의 글에서 차용

그리스인 조르바

해묵은 바위의 주름마다
거뭇거뭇 이끼가 끼고
능선 따라 억새가 하얗게 꽃을 피웠다

봄이면 철쭉 산이 으뜸이라지만
가을에 들어서야
억새 산이 어깨를 내미는 것 아닌가

천상 가을에 들어선 얼굴을 보며
아내는 염색이나 하라지만
늘 구름 같은 생각이나 하고 살면서도
바람처럼 흔들리는 세월을 살면서도
부끄러워하지 않는다

나의 부블리나여!
나의 부블리나여!

세상이 온통 미쳐 돌아가더라도
제발 귀 막고 눈을 감아라
가을이 가면 겨울 오고

겨울이 가면 봄이 오듯이
세상은 유전하는 것

해묵은 가구처럼
순하게 늙어가며
짐승 같은 몸뚱이로 앉아
온몸으로 노래를 부르고 있다

제 마음을 빚어내는 조각*

장자의 "달생편"에 나오는
재경이란 인물에 관한 우화 한 토막인데
뛰어난 목공의 실력에 대한 답이 이렇네

우선 나무를 찾아 깎기 이전에
며칠간은 마음을 차분한 상태로 가라앉히고
한 사흘 기를 모으면
남들이 잘 한다 칭찬하며 상을 준다는 말에도
현혹되지 않는다 하네

닷새가 지나면 남이 형편없다고 헐뜯고 욕하는
소리에도 무감해지고
이레가 되는 날은
내 손발이나 모습까지 깡그리 잊혀지는데
바로 이 때 나무를 찾는다 하네

손도 발도 몸뚱이도 다 잊었으니 그저 마음만 남아
비로소 나무의 마음과 서로 통할 수밖에,

다른 이의 작은 칭찬에는 기가 살아 하늘 높은 줄을 모르고
다른 이의 헐뜯는 소리에는
세상이 끝나는 듯 악 바치던 날들이여

재경이란 인물의 하는 것을 보며
그렇게 손도 발도 다 잊고 나무의 마음과 서로 통해서야
나무를 깎았다 하는 걸 들으며

내 시가 너무 부끄러워
오호이, 오호이 조금 우네

* 손철주의 글

누구나 나이를 먹는다

나이를 먹는다는 것
별거 아닙니다

세상에서 조금씩 내가 잊혀지고

찾는 이 하나 둘, 없어져도
괜찮아지는 것입니다

노여움도 쉽게 스러지고
미움도 상관치 않게 되는 것입니다
웬만한 일은 미소로 대신하는 것입니다

바람이 불어와도,
혹한이 지나가도
만만하게 견딜 수 있게 되는 것입니다

나이를 먹는다는 게
별 거 아닙니다

엉뚱한 곳에서 문득
잃어버린 나를 발견하는 것입니다

눈물이나 웃음이 한 가지로
조금씩 조금씩
외로움의 본체가 되어가는 것입니다

하늘을 나는 새는 체온이 40도다

날개를 가졌더라도
깃털을 갖추었더라도
날기 위해선
뼛속을 비워야 한다

빈 뼛속을 지나
온몸으로
열기를 채워야 한다

직립하는 꽃대처럼
수직으로 오르지 못하고
단거리 경주처럼 죽어라 달리면
겨우 얻는 부력으로
형형한 눈빛으로
마침내 날아오르듯

가창오리 떼 한 무리가
날아오른다

저녁 하늘이 그 열기를 모아
붉게 타오른다

서둘러 꽃 피우지 말라

아직 꽃 피우지 못했다고
다급해하지 마시라
사랑도 그렇지 않던가
서둘러 다가서면
영원히 떠날 수도 있나니

음력 시월

음력 시월을 이르는 말이
소춘小春,
낭월良月,
응종應鐘,
방동方冬,
상동上冬,
이렇게 여러 말이 있는 줄 몰랐습니다

갑자기 추웠다가
다시 따뜻해지는 작은 봄에
이렇듯 여러 이름이 있는 이유가
분명 있을 터이어서요
하나 하나 낮은 소리로
동그랗게 발음해봅니다

소춘,
낭월,
응종,
방동,
상동

참 아름다운 이름들이어서요

나는 이 세상의 모든 병이 낫고
새로 찾아올 봄을 두고
오래오래,
감격해하는 것입니다

말의 감옥

누구는 돈이 감옥이라 하고
누구는 명예가 감옥이라 하지만
제 마음이 감옥이라면
얼마나 비좁고 답답한 공간이며
얼마나 적요하며 고독하며
슬픈 시간이냐

누구는 꿈이 감옥이 되고
누구는 제 목숨이 감옥이 되지만
나는 말의 독방에서
아직도 탈옥에 실패한 채 바깥세상을 내다본다

면회도 금지되고
차입도 금지된 중죄인처럼
나 혼자 한 세상이다

한 줌의 햇살이나 한 자락의 바람처럼
아직 말이 되지못한 단어들이
이루지 못한 탈옥을 위해
내 틈새를 비집고 부지런히 드난다

눈치가 환하신 그대여, 부디
심연의 내 몇 마디 말을 용서하시게
채 노래가 되지 못한 채
오늘도 천 년 면벽중이오니

물고기가 된 사람들

짙은 안개 속으로 사람들이 걸어 다니는 것이
물고기 같다
그들 사이로 자동차도 유영하듯 흐른다
미움이나 갈등, 슬픔 이런 것들이나
꿈이나 소망, 기쁨 이런 것들 모두
무관한 세상처럼 매끄럽게 흘러간다
그렇게 한참이나 떠 흐르다
나를 돌아보는 이는 무슨 생각인가
적의 처마가 가장 안전하다 하여
오늘도 우린 죽음의 처마 밑에 엉거주춤 피해있지만
고집스러운 사리나 단호한 말, 편협한 생각
그런 것들 다 버리고
이젠 한낱 어둠처럼 매끄럽게 흐르자
좀 빠르거나 늦은 것은 탓할 일이 아니다
밤새도록 꾸무럭거리는 것들도
이제 함께 흐르자
늘 생각이 먼저 닿고 몸이 나중이어서
이제도 뒤뚱거리는 걸음으로 내가 간다마는
함께 흐르는 것,
그대들과 이승의 구비구비를 함께 흐르는 것
무엇이 나를 이보다 더
감격케 하겠는가

새끼줄

흩어진 마음을 함께
묶을 수만 있다면

천 리나 멀어진 네 향기 끌어 와
붙들어 맬 수만 있다면

저승길의 왼 새끼줄도
마다 않으리

외로, 외로
꼬아 올라

환하게
묶이리

중심을 잡기 위해서

사람의 발이 두 개인 것은
중심을 잡아 서라는 것이지요
외발로 서서는
참 오래지 못합니다

그렇듯 중한 이유로 사람의 팔이 둘이라면
그대는 두 팔로 이 세상을
꼬옥 안으십시오

한 손은 외발처럼
심히 불안하여
쉬이 놓칠까 두렵습니다

깊은 산 속의 나무들도
이름 없는 풀꽃들도
두 팔로 가슴에 안기 위해
서로 손이라도 잡아주기 위해
저리 혼신으로 흔들리는 것을요

잠깐 악수나 하는 경우에도,
그렇듯 쉽게 잊혀지는 경우에도
보세요,
나는 당신을 향해
기꺼이 두 손을 내밉니다

죽어가는 새의 똥구멍을 불어본 적이 있는가

죽어가는 새의 똥구멍을
불어본 적이 있는가

꼭 다문 부리며
파르르 떠는 눈이 아니라
힘없이 괄약근을 풀어버리는
똥구멍에 대고
호호, 바람을 불어본 적이 있는가

산비알 넘어 햇살에
따뜻하게 구워진 바람 한 자락이
겨울의 똥구멍에 대고
호호, 입 바람을 불어넣는 것을 보며
금세라도 팔딱팔딱 날개를 치며
일어설 것 같은
저 깜깜한 들녘을 보며
내가 비로소 소망을 품나니

죽어가는 새의 똥구멍을
불어본 적이 있는가

뜨끈뜨끈한 구들목에 앉아
잘 익은 항문을 들썩이며
봄을 기다리듯이

수묵화

화선지에 먹물이 스미듯
일시에 스미면서도 강제적이지 않고
마치 꽃이 피어나듯
화사하게 퍼진다

봄이면 벚꽃이 그리했으며
여름밤 은하수가 그러했으며
가을밤 달무리가 그러했으니
아아,
저 겨울 한낮을 가린 어두움 속에서
난분분히 흩어지는 눈보라를 보라

모두가 스미는 것들이어서
우리의 눈을 통해
살갗을 통해
가슴을 통해 스미는 것들이어서

마침내
내가 네 안에 스미는 것도
한 편 수묵을 치는 것일 뿐일 터이니

부디,
가슴을 펼치시라
사랑이면 어떻고 눈물이면 어떤가
내가 네 인생에 잠시 스미려는 것이니
고운 날개로 펼치려는 것이니

오래 오래 참으시라
나의 그대여

혼불

나 어렸을 적에 말이요
휘익 날아가는 혼불을 보았는디
꼬리를 길게 끌리고 가더랑께요

꼬리가 있으면 남자 혼불이고
꼬리가 없이 동그라면 여자 혼불인디
딱, 사흘 된께 그 집 남자가 죽어나갑디다
그래 그 혼불 사라진 쪽에다 묏동도 썼당께요

아니, 맞소 맞어
그라고 봉께 혼불이 꼭 정충하고 난자 모양이요
어쨰 그라고 비유가 정확한가 모르겄소
그 놈의 숫놈 혼불, 암놈 혼불이 만나면
새끼라도 칠란가 모르겄는디
그 후로는 한 번도 못 봤단 말이오

뭣이라고라우,
그라면 요즘 같으면 온 세상이 혼불 천지일 것이라
고라우
옛끼 양반아, 정 못 믿겄으면

깜깜한 밤중에 산이라도 한번 올라가 보씨요
세상천지가 삐까번쩍 혼불들이 난리를 칠텡께

믿던지 말던지는 댁이 알아서 할 일이고라
그란디 당신은 꼬리가 있소, 없소?

뼈대 있는 자손

겨울 산을 오르면
나목들이 군중을 이루어 서 있는데,
그들이 울울창창할 때만큼이나
그들이 만산홍엽으로 불 타오를 때만큼이나
옹골차고 아름답다

뼈대 있는 집안이
무슨 잔소리로 변명할 것이며
무슨 가식으로 위장할 것인가

바람은 바람으로
구름은 구름으로 다 흘려보내고
천년 오랜 바위처럼 묵묵히 서서
맨 몸 하나로
이 산을,
이 나라를 지키고 섰다

저들의 무리가
입 다물고 견디고 선 저 무리가
오로지, 우리나라다

거센 바람이 지나가자
그림자를 뻗어
혼신으로 손을 흔들기도 한다

우리 이렇게 나누어지기 전엔

히말라야산맥에서 발견된 삼엽충화석이
백두대간 절개지에서도 나타났다 하네

5억만 년 전엔 우리가 하나였던 것을
이렇게 찢겨지기 전엔 한 몸이었던 것을
작은 지족류의 화석이 말해주네

너와 내가 지각 변동으로 나누어지기 전엔
어떤 모습이었을지
가슴 속에 품은 눈물도
한 모습이었을지

동그랗게 몸을 움추리며
딱딱한 껍질로 나를 보호하며
내가 수도 없이 변해가는 중에도
한 몸으로 굳혀 지키는 몸

화석으로 남은
너의 말 몇 마디가 다시 살아나
수만 개의 발가락을 뻗어내며
꾸역꾸역 허물을 벗네

두륜산 북암에서 만난 마애불

참나무를 닮은 스님 한 분이
두 손 모으고 독송 중이다

부처는 말이 없다
벽을 쪼아 앉은 날부터
말없이 앉은 그 자세지만
아마, 지금은
점심 공양 중

무심히 일별을 하니
그 넉넉한 미소로
밥은 먹었는가
묻는다

세상사 한 끼 밥이더라고
이 외진 암자에 와서야
문득 깨닫는다

장구벌레는 꼬리로 숨을 쉰다

꼬리로 숨을 쉬는 장구벌레처럼
나는 내 안에
수많은 꼬리를 감추고 산다

욕망의 꼬리,
집착의 꼬리,
분노의 꼬리,
질투의 꼬리,

늘 감추고 살아도 금세
치마 밑으로 드러나는 구미호의 꼬리처럼
이제도 강하게 꼬리친다

끝없는 시작이 없듯이
몸 없는 꼬리가 어디 있는가

사랑과 회한의 언덕을 오르내리며
명분, 고뇌, 변명의
오오, 저 쏟아지는
말의 꼬리들

새로운 생명을 향해 목숨을 거는
연어의 회귀처럼
나는 오늘도 쉴 새 없이
꼬리를 친다
두려움과 반가움이 그 안에 있다

해마의 사랑

수컷 해마의 육아낭에 암컷이 알을 낳고
부화할 때까지 수컷이 책임을 진다하니
이보다 아름다운 목숨이 어디 있습니까

한 마디 미사여구도 덧댐없이
이렇듯 아름다운 詩가 또
어디 있습니까

부화한 후에도 수컷 해마는
새끼들 곁을 떠나지 않고 끝까지 보호한다 하니
내게도 그런 주머니가 하나쯤 있었으면
참 좋았을 터인데요

조금은 거추장스럽고 볼품없더라도
아무도 관심조차 갖지 않는
작은 육아낭 하나 있었다면
세상 살아가는 약삭빠른 법 말고
자연과 이웃을 사랑하는 법,
아름다운 감성과 지혜 그런 것을 깨칠 때까지

나는 사뭇
오래오래 품고 있었을 터인데요

그런 작은 주머니 하나
어디 없을까요

해탈하는 나이

혹시 너무 깊이 잠든 건 아닌가
내가 나를 흔들어 깨우네
한 잠, 두 잠, 세 잠,
다섯 잠을 자고서야 비로소 탈피를 하리니

미처 깨닫지 못하면
송광사 입구 우화각羽化閣이라도 드나며
해탈하는 밤오색나비나
강원도 영월 땅에 천지로 날아다니는
비슬푸른부전나비처럼
이제는 서서히 껍질을 찢고 나오시게

오, 저런
찬란한 비행을 위해서는 아직도
시간여는 몸을 말려야 하겠네

정물화 속을 살짝 빠져나온 나비처럼
나는 내 안을 겨우 빠져 나오네

미처 탈피하지 못한 수많은 생각이나, 말

그런 의식과 무의식의 범주들이 무참히 죽고 말더라도
오랜만에, 참 오랜만에
욕망이나 탐심이나 집념 따위의 해묵은 껍질을
벗어버리나니
얼마나 가벼운가 이 놀라운 비상은

사람이 나이를 먹을수록 몸이 작아지고
가벼워지는 것은
수없이 많은 제 껍질을 벗어내는 때문이었네

어느 해 동지에

거긴 눈이 좀 오셨는지
하루 종일 햇빛 쏟아지듯
가슴 가득 쌓이셨는지

눈물처럼
여긴 지레 젖어
내리는 눈마다 팥죽처럼 녹아들더니
벌써 꽁꽁 얼어붙었네

눈 대신 추위만 가득 안겨주고
어둑어둑, 발밑이 미끄러워
그대에게 갈 수 없네

거긴 눈이 좀 내리셨는가
웃음도 눈만큼
평안도 눈만큼
그래, 거긴 그리움도 좀 쌓이셨는가

이젠 내가 미리 환하여도
이해하시게
긴긴 밤도 지레 지쳐
꽃잎처럼 지겠네

서둘러 꽃 피우지 말라

대나무처럼 평생에 한 번
꽃 피우고
죽는 나무가 있네

살기 위해 피우는 꽃이 아니라
죽기 위해 피우는 꽃이네

아직 꽃 피우지 못했다고
다급해하지 마시라

사랑도 그렇지 않던가
서둘러 다가서면
영원히 떠날 수도 있나니

하나님, 인심 좀 써주세요

우리의 1년이
하나님에겐 눈 깜짝할 사이일 거라는
말이 있습니다
하나님 그렇다면 인심 좀 쓰시지요

파도의 몸짓

난산 끝에 목숨 같은
새끼를 얻은 어미소처럼

혀를 길게 내밀어
한 점,
한 구석 남김없이
바위들을 핥는 걸 보니

사랑이 참 힘겹겠다

돌아섰다가도
이내 다시 돌아와
저 간절한 몸짓

나무의 결

직립의 나무가 몸을 눕혀
마루가 되었다

내내 감추던 결 다 내보이며
날마다 발에 밟혀 지내고서야
옹이마저 빛이 난다

모든 걸음을 다 받아들이는 건
체념이 아니라
용납이다

비로소, 그대들의 등을 온몸으로
안을 수 있게 되었다

가을 편지

바람이 찹니다 드나든 손님을 위해 한 쪽 문이라도 열어 두었으나 어제의 비로 급강하한 기온이 나를 꼭꼭 걸어 잠그게 합니다 이제 마지막이라며 코스모스 꽃길을 가자던 사람들이 몸을 움추리며 꽃다 저부렀겠다야 실망하는 기색이 역력한 것은 지난한 세월 때문만은 아닙니다 우리 사이에 어떤 종류이건 바람이야 늘 횡행하던 것 아닙니까 삼십 촉 백열등 하나라도 켜두면 훈훈했던 시절이며 홍시 두어 개면 금방 서로 마음을 나누던 여유며 그나마 우리를 지켜 온 것은 손바닥만 한 사랑이었더니 훼절한 연인처럼 함께 피어났다가 서둘러 떨켜를 달고 뚝뚝 지는 이들을 문득 기억해 냅니다 그래도 곰곰이 생각해보면 제 상처를 다 가리우며 스러지는 하루의 끝처럼 지는 것들은 얼마나 아름다운지요

꽃잎 대신
바스락거리며 타는 것들의 향기를
조금 담아 보냅니다

자화상 · 2

제일 먼저 돋아서
언젠가 건강한 치아로 바뀌는 탈락치를
젖니라 하는데
나는 아직도 그런 유치乳齒 몇 개를 가지고 있다네

영구치 사이에서 아직도 건재하는
유치 때문에
나는 아직도 어린 아이 같은 생각을 하고
어린 아이처럼 행동하는 것일까

속없는 아이처럼
세상 걱정 같은 것은 하지도 않고
복잡한 정치나 사회나 문화 따위는 괘념치 않고
아무렇게나 싹이 돋아나고 꽃이 피는 풀꽃처럼
살아가는 시인이 된 것일까

아직도 어린아이처럼 잇몸 다 드러내고
활짝 웃으며
키득키득 꺼덜거리며
오오
저 유치한 발상이라니

별에게 가는 길

각기 다른 별에서 시작하여 동시에 내게 도달한
불가사의한 별빛의 여행처럼
너는 내게 일시에
참 많은 것으로 왔다가

밤이 사라지자 슬그머니 자취를 감춘
그 많은 별빛처럼
너는 참 많은 그리움을 남기고
사라지고 말았구나

보이지 않는다고 별이 사라진 건 아니듯이
기다림까지 가져간 건 아니듯이
나는 또 한 개의 소망으로 너를 기다린다

수억 개의 별을 가진 수억 개의 별의 행로를
일일이 밝힐 수 없다면
그대여 이제는 차라리 내게 와 멈추어라
별점 치는 이의 지도처럼 가슴에 남아라

세상은 다시 해가 뜨고
온갖 소음으로 가득 차는 것
그렇다고 아무 곳으로도 도망갈 수가 없다면
아이야,
나는 너의 길을 따르려느니
지금 가면 언제쯤 너에게 닿을까

그리움만한 수억 개의 빛으로

하나님, 인심 좀 써주세요

우리의 1년이
하나님에겐 눈 깜짝할 사이일 거라는
말이 있습니다

하나님 그렇다면
인심 좀 쓰시지요
어영부영하다가 어느 새 일흔 줄에 들어서니
몸은 느려지고 마음만 급합니다

제발 몇 초쯤 그냥 주실 순 없나요
내 한 해 사는 동안 일곱 해를 산다는 강아지가
벌써 늙어 힘들어 합니다
얼마나 가엽고 짠한지요

하나님도 나를 보시기에 그렇지요?
불쌍하고 짠하지요?
그러니 인심 좀 푹 써주세요

해걸이 했던 감나무의 노래

뿌리로부터 걸어온 길이다
날마다 끝을 향해 오르는 그 길이
아직 목마르다

한 해 내내 앓아왔던 가슴앓이 떨치고
새로이 마음 다짐한다

무슨 일이든지
시작을 하면 끝을 보는 성질이라 했다
시작이 어렵지
시작만 하면 이미 끝난 거나 다름 없다 했다

꽝꽝한 가지마다
푸릇푸릇 잎새를 틔운다

혼신을 다 해 걸어온 그 길의 끝에서 마침내
붉게 타오를,

불같은 성질
애써 참고 있다

어디에 계시는가

도도새, 파란영양, 스텔라바다소
내가 너희를 없앴다
사라지게 했다
나는 호모사피엔스다

테즈메니아늑대, 과달루페카라카라, 바바리사자
내가 너희를 멸종시켰다
사라지게 했다
나는 인간이다

아아,
분홍머리오리, 포클랜드개, 나그네비둘기여
캐롤라이나앵무,
줌치늑대여
지금 모두 어디에 계시는가

나는 그대들을 멸종 시킨
주범,
모든 생물이 사라지는 그 길을 따라
마침내 우리도 사라져야 하는 이치는 모르고

그렇게 스스로 멸종의 길을 가는지 모르고

나는 혼자 우뚝 서서
부끄러운 줄도 모르는
영악한
호모사피엔스

후두둑

풀잎 위에 빗방울이
후두둑, 떨어집니다
누가 맨 처음 그 소리를 사용하였는지
모르지만
정말 후두둑, 하고 소리가 납니다

아마도 맨 처음 그 사람은
좋은 목소리를 가진 것이 틀림 없습니다
풀잎 위에, 나무 위에 떨어지는 빗소리에
귀를 기울이고는
가만히 그 소리를 따라 해보았을 것이
분명하니까요

후두둑,
가슴 속에서 문득 그런 소리나 나던 날이
있었을 것이니까요

눈물처럼 빗방울들이 그렁그렁 거리다가
주루룩 흐르기도 합니다
후두둑, 빗소리를 들으며
당신을 그리워하는 이유입니다

생각의 실체

내 생각은 아무래도
사각형이다

동그랗게 원만하지 못하고
각이 서 있다

생각이 곧 말이라는데
말에 날이 선 것은
생각의 상처다

마우스피스를 단단히 끼고
죽어라 두 팔을 내뻗는,
내 생각은 아무래도
사각의 링이다

어떤 아픔보다 더 통렬하고
어떤 슬픔보다 더 장렬한,

피가 터지도록 세상을 향해
내 뻗는
이 생각의 종주먹

나를 내어 주는 길

나뭇잎들 중에도
벌레의 집이 되거나 양식이 되는 것들은
누더기처럼 헤진 잎을
슬퍼하지 않네

어차피 잎맥 닳고 떨구는
한 평생,

지루하지도, 급박하지도 않은 삶 속에서
서로 부대끼며 살아가는 일이
생의 몫이 아닌가

보호가 목적인 침엽이나
지지작용을 하는 덩굴손이나
저장작용을 하는 육질성의 것들까지라도
잎은 제 처지를 비관하거나
자랑하지 않네

어떤 잎은 스스로 독을 품어
벌레 하나 받아들이지 않는다 하여도
도덕과 비도덕을 매도하지 마시게

꽃보다 더 환한 잎이라도
마침내 한 잎 한 잎
제 뿌리를 향해 떨구는 것이
어찌 눈물 보다 약하겠는가

우수수, 바람에 혼신으로 흔들리며
오늘은 또 하루 멋지게 세상을 벗하였으니
그 또한 즐겁지 아니하겠는가

생명의 회귀

흙이 숨을 쉰다는 것
풀꽃처럼
사람처럼
그들도 숨을 쉰다는 것

그리하여 그들의 세상 속에서
온갖 벌레들이며
짐승들이며
나무나 풀뿌리까지도
살아가는 것이니

가만히 귀를 기울일 일
흙의 맥박 소리를
생명의 고동 소리를 들어볼 일

흙의 숨 소리가
제 속으로만 잦아지다
마침내 우웅우웅 지진처럼 울릴진 모르지만

그대여,
사람이 죽어 흙이 되는 길이
모천회귀 하는 연어처럼
참
마땅한 일이겠구나

병산서원에게 보내는 인사

먼지 펄펄 날리며 급히 고개를 트는 길을 따라
병산서원에 간다
강물 또한 용케도 그 길을 포기하지 않고 따라 흐른다
후욱, 끼치는 흙먼지쯤은 오히려 얼마나 다정한가

어느 인심이 호통을 쳤다가는
또 금세 멀쩡한 아스팔트 길로 바뀌어
멋 모르는 식자층이나, 무식한 유한층이나
고급 자동차 번쩍거리며
주차장 밖 도로까지 시끌벅적할 일이 미리 겁나서
돌아가는 길 내내 불편할 것 미리 감수하며
안개처럼 피어오르는 흙먼지를 뒤집어쓴다

만대루 올라 강가에 즐펀히 앉아 쉬는
모래를 눈으로 어루만진다
시끌벅적 강안을 뛰어다니는 인적에
안 뜰의 배롱나무도 무척 궁금스러운지
부스럭거리며 가지를 강쪽으로 뻗어낸다

이렇게나마 성한 몸으로 남아
앉아계신 서원이 얼마나 고마운지
세로 주름 쩍쩍 갈라진 늙은 기둥을 오래 쓰다듬는다

부디 잘 계시라
무심한 인심들이야 먼지 보다 못한 것
훌쩍 스쳐 지나버릴 터이지만
강 건너 푸르른 절벽처럼 오래 오래 안녕하시라
더불어 오래 오래 푸르시라

묵념하듯 잠시 머물던 바람이 서둘러
강 쪽으로 가며 합장을 한다

시의적절한 편지

선운사 동백은 겨울이 아니라
봄도 한참을 깊어서야 겨우 만날 수 있네

우리네가 늘 시의적절치 못함으로
남의 탓만 하며 세월 보내는 동안에도
묵묵히 꽃을 피우고 지며
마침내 꽃진 자리마다
사미승 알머리를 닮은 열매를 매달고
우루루 나선 것은
골짜기마다 사람들 들끓는 한 여름이 적기이니
꽃 아니면 어떤가

미당은 와서 작부도 없이
농주 잔이나 기울였다 하지만
웬만한 그리움 하나 쯤
속 깊이 품을 줄 아는 여유가 있다면
아무 때나 찾아가시라

울울창창, 제 마음 속에 담근 이야기들을
풀어내는 그 숲 아래로

탁,탁,탁,탁 목탁 치는 소리가 들리면
동그란 열매마다 절실하게 익어가는 중이어니
내가 만난 그 시절이
참 시의적절하지 않겠는가

꽃 아니면 어떤가
나 그대를 소식으로 마주하네

경로석은 하늘의 자리

수령이 오백이라는 느티나무가
큰 그늘을 주어 쉬게 해주지만
한 해 한 해를 쉽게 보내는 것 아니네

쿵쾅거리며 자동차 지나가는 포장도로 그 밑으로도
지난한 뿌리 뻗어내고
참 오래도 견디며 뻗어내고
불어오는 태풍마다 일어서서 마주 대하며
바람 쪽으로 바람 쪽으로 몸 기울여주며
잔가지 몇 개쯤 내어주네
마지못해 팔뚝 하나 떼어주네

나이만 함부로 먹는 게 아니라
제 안에 수수 많은 둥지들을 지켜주려고
온갖 상처 스스로 아물리며
바람이나 흙먼지나 햇빛까지도 상처 안에 받아들이며

수령 오백이라는 느티나무가 넓은 자락 펴주어
누구나 쉽게 안아주는 느티나무가

한 해 한 해 끙끙 앓으면서도
눈치도 채지 못하게 의젓하네

저 푸르게 빛나는,
반짝거리는 잎새들을 보아라
아아,
비로소 저 느티나무가 또 하나의 하늘임을 알았네

나는 테러리스트입니다

내 안에서
그 좁은 나라 속에서
자꾸만 테러가 일어납니다
수많은 생각들이나 말들이 다치거나 죽습니다
무고한 인연들이 살상당합니다

도처에 바리케이트를 치고
경비를 서도 막을 수 없습니다

한심하여 얼굴이나 쓱쓱 문지르다가 거울을 보니
흉흉한 모습이 꼭 어느 종파의
테러리스트의 모습을 닮았습니다

누구일까 내내 의심하였더니
내가 내 안에서 테러를 일으킨 진범입니다
아직도 붙잡히지 않은 유일한 배후세력입니다

나를 지키기 위해서
무고한 생각들이나 말들을 지키기 위해서
나는 내 안의 나와 대테러전을 치루어야합니다

얼마나 깊고 아프고 서러울 전쟁일지 모르지만
그래서 안녕이 이루어질 거라면
나는 과감히 나를 폐하겠습니다
생각을 지우고 입을 다물겠습니다

세상이여 부디
안녕하시라

훈기로 살아오다

사람이 살던 집을 떠나
그 훈기가 스러지면
집은 턱없이 쇠락하여 마침내 쓰러진단다

사람 대신 어둠이나 빛이 교대로 들락거리고
온 마을 바람들이 떼로 몰려와
부지런을 떨어도
훈기의 자리엔 적요와 먼지만 쌓인단다

뜨겁게 불붙지 못해도 좋다
화끈하게 달아오르지 않아도 좋다

입김만큼 따뜻하고
살 붙이고 잠들던 그 사랑만큼 훈훈한 이야기들
눈물들
아무 것도 뜨겁게 달구지 못한
여린 온기 같은,
꼭 너의 손길 같은,

그 훈기로 내가 살아왔다

아아,
부디 돌아오너라

웃음은 무슨 색깔일까

어떤 노동 시인은
눈물은 멍을 우려내서 푸른 색깔이라 한다

웃음은 무슨 색일까
기뻐서 웃는 웃음이나
껄껄껄껄, 사람 좋아 호탕한 웃음이나
햇살처럼 부신 웃음은
무슨 색깔이라 해야 마땅할까

병아리떼 같은 아이들의 노오란 웃음이나
싱그럽게 자라나는 청춘들의
새파란 웃음이나 처럼
사랑 말고는 아무런 말을 하지 못한
그대들의 웃음은 무슨 색깔일까

회색빛의 비웃음이나
칼을 품은 살인미소 그 참람한 것들 말고
아무 말이나 해도 박장대소하며 추임새를 넣는
그 웃음은 도대체 무슨 색깔일까

오늘은 그대가 보낸 웃음조차도
색깔이 너무 궁금하다

내가 튼 둥지

들의 지친 이야기를 밤새 듣고
고개를 끄덕이며
조금은 쓸쓸해하며
어두운 하늘이라도 그득히 덮어주고 싶다

네델란드의 속담

브리겔이 그린 '네델란드의 속담'이란
한 장의 그림 속에는
100여 개에 이르는 네델란드의 속담이 담겨있다는데요

한 편의 시 속에
100여 개의 의미는 아닐지라도
가슴 맨 깊은 곳에 담겨진 그 뜻 하나라도 내보인다면
얼마나 좋을까 하여
수 만 구비, 내 안을 다 뒤집어 놓습니다

오만가지 말의 길을 휘젓고 다니다
맨 처음과 맨 끝,
그 언저리에서 오늘도 하릴없이 돌아나옵니다

혹시 그대가 나를 읽어내시면
한 마디 눈물이라도 읽어내시면
비로소 한 편의 시가 탄생될 터이어서
그림을 그리듯
중언부언, 100마디 말로 나를 변명해봅니다만
혹여 깜깜하여

감추어둔 오욕이나 들키지 않을지 모를 일입니다

마음을 모아 신들메를 고쳐 매오니
당신들에게 도무지 무관하거나
심히 관심하거나
부디 내가 나를 따지지 않고
대책 없는 시비를 중단하기를 바랄 뿐입니다

어미 새의 발자국

어미 새의 발자국은 아가더러 따라오라고
화살표로 되어 있다

혼자서 훨훨 날아가면 될 걸
나뭇가지 사이사이 앉았다 가면 될 걸
아직은 날갯짓 서툰 아기 새를 이끌며
쿡쿡 발자국을 찍은 모양이다

아기 새가 아니면
한 자락 바람이라도 데불고 걸었나보지
얼핏설핏,
꽃향기라도 이끌고 걸었나보지

화살표 몇 개 끝나는 곳에
생전 처음 보는
예쁜 꽃 한 송이 피어있다

향기 그 언저리로
두 발을 마주하여 합장이라도 하는 듯
세상이 금세
경건해진다

저 작은 세상에도

밤새 내린 비가 멈칫,
고였다

그 옹졸한 웅덩이 위에
꽃잎 하나 떴다
저렇게 느려서야 언제 다 건널까
당신은 늘 까마득하다

밤이면 별들도 몇 개는 첨벙거리며 들어와
편협함 따위는 아랑곳하지 않고
제들의 세상을 이룰지 모르는 것

작은 바람에도 파르르르
파문이 인다

오호라, 저 작은 세상에도 떨림이 있구나
긴장을 풀며 한없이 밀려나가는 것이
있구나
그런 행위는 늘
손아귀를 빠져나간 소문처럼 은밀한 것,

사내 하나가 꼼짝하지 않고
그런 세상을 들여다보고 있다

내가 튼 둥지

내 몸 잔뼈들을 꺾어
얼키설키 둥지를 틀고
집 잃은 새들을 불러 모으고 싶다

그들의 지친 이야기를 밤새 듣고
고개를 끄덕이며
조금은 쓸쓸해하며
어두운 하늘이라도 그득히 덮어주고 싶다

아침으로 포로로 날아올라
정처 없는 길을 떠날지라도
결코 슬퍼하지 않고
나는 빈 둥지를 지키려는 것이니

언제나 집을 잃으면 다시 찾아와
밤을 새우며
힘들고 지친 날들을 이야기 하리라

거칠고 남루한 둥지야 쉬이 헐고 말겠지만
얼어 있는 것들마다 따스히 녹이는
햇볕 하나면 충분하지 않겠는가

좁은 가슴 환히 열고
오늘도 가시 같은 둥지를 튼다

시청

면을 파는 국수집 이름이
"면사무소"라는 곳이 있다하네
얼마나 재미있고
신기한 발상인가

그렇다면 시청이
누구나 시를 만날 수 있는 곳
시인들이 인정 받는 곳이 된다면
얼마나 좋을까

시청에 들어가면
누구나 조금은 시인이 되어가는 곳
시심에 젖어
도시도 사람도 더욱 아름다워지는 곳이
된다면 얼마나 좋을까

소리의 속도

소리는 영상 15도일 때 그 속도가
1200km/h이라 합니다

속도가 있다니 크기와 밝기도 있을 듯해서
소리의 측정에 천차만별이겠다는 생각을 합니다

나의 소리가 그 곳까지 이르려면
얼마의 시간이 걸릴까요
좀 더 소리를 높일까요
좀 더 밝게 할까요

갈수록 환해지거나
희미해지기도 하는 영상처럼
오늘은 소리를 환히 바라봅니다

어쩌면 침묵이
가장 큰 함성이어서
맨 먼저 도착할지도 모르겠군요

수신호처럼
혹시 내가 들려오면 손을 좀 흔들어주시기 바랍니다

저작

밥은 목숨입니다

그렇게 화난듯 급하게 삼키시면
안됩니다

오래 오래 씹으셔서,

오 저런
밥을 먹는 것이 세상일과 같냐 하십니까
그럼요, 아마 그럴 걸요

반찬도 고루고루
색깔까지 오행으로 맞출 필욘 없겠지만
평화나 안녕을 따질 필욘 없겠지만
편식은 금물입니다

밥은 오래 씹어야
소화도 잘되고 몸에도 이로운 효소나
호르몬이 나온다는 과학적 소양은 있지만

밥은 목숨입니다
생명처럼 귀하게 천천히
음미하듯 먹으세요

목숨이 그렇듯 급하지 않는 것처럼

지켜보는 말

육개월 동안 다른 일은 전혀 하지 않고
물이 담긴 컵만 계속 바라보았다는
유명한 사물 시인 프랑스의 프랑시스 퐁주처럼
나는 지금 사뭇,
한 사람의 일로 집중하는 것이네

더러 컵을 바꾸어
컵에 담긴 물의 모습의 차별성이나
물의 양이 자연적으로 줄어드는 모습을 관찰하는
과학자의 눈이 아니라
컵 안의 물과 무언의 대화를 나누는 것이
시인의 바람이었을 것이네

사람도 그렇듯 한 가지로 바라보면
컵 속의 물처럼
꼭 그대로 있는 것 같으면서도
영감처럼 번뜩이는,
무슨 말인가
마음을 열지 모르겠네

더듬더듬
컵에 물방울이 서리다가 굴러 떨어지듯
묵음의 중얼거림

사랑이 아니면 또 어떤가

거기라는 이름

남들은 뭣이냐
이뿐 이름도 맹글어 불르고 합디다만
그도 안하면 자기,라고 부릅디다만
오메 징그러워라 난 그렇게는 못헝께
그냥 거기라고 할랑께 이해 하시오 잉
그랑께 뭐냐면,
난 요 때만 되면
잎사구 떨구고 빈 몸으로 선 나무들만 봐도
맴이 싱숭생숭허고 잠도 잘 안오고 하는 날은
유독 거기가 그리워서
어째사 쓰까, 어째서 쓰까
날밤을 새는디
거기는 어짜요? 잠은 잘 자요?
참말로 다행 중 다행이요만은
나는 또 그런 밤이면 창밖의 달댕이가 또
거기처럼 보여서
거, 웃으면 보름달 같다고들 안 헙디여
그런 달 하나가 환하게 떠갖고는
나를 살짝 내다보고 있드랑께요
어찌나 가슴이 통개통개 뛰든지

그냥 자리를 차고 일어나
달바래기를 해부렀지라우
거긴 그냥 그림 속의 달댕이맨크롬
아무 감정도 없는가 모르겠소만은
나는 어떻게 만들어진 속인가
자꾸만 맘이 거기를 향한단 말이요
그라면 뭣하겠오잉
정말로 저 달님 만큼이나 먼 먼 당신인디요 잉
혹시 나 땜시 잠 깼으먼 미안해서
어쩌께라우?
얼른 그냥 주무시시요
나도 달아난 잠 붙잡아 매고 다시 들어눠봐야겠오
혹시 꿈에라도 거기가 올지 모릉께라우
꿈에야 내가 거기를 안아도 되고
업어도 되고
눈치 코치 채릴 필요 없응께
오메, 생각만 해도 둥실둥실
나 좀 보씨요
나 좀 보씨요
거기.

팔음 八音

―우리나라 악기는 명주실과 대나무와 박과 흙, 가죽, 쇠붙이, 돌, 나무 등 자연에서 얻은 여덟가지 재료로 만들었다(악학궤범)

물 흐르듯
바람 가르듯
물과 바람 소리가 다 우리 악기 안에 있네
다 우리 몸 안에 있네

피리 소리는 어떠하며
거문고 소린 또 어떠한가
천둥 번개 다 아우르고
거센 파도도 멈추게 하느니

걸음마다 징징징징
북소리 장구소리
오만가지 소리소리

어화둥둥, 내 사랑아
마음 눈을 활짝 열어

마음 귀를 활짝 열어
저 소리 담아내자

8음이 하나되어
사람도 자연도 하나 되니
너도 나도 하나 되어
덩실덩실 춤을 추자

어쩌라고

가을 하늘이 너무도 푸르고 높고
아름답다며
사진을 찍어 보내셨네요

엎드려 책만 보지 말고
창 밖도 좀 내다보라는 충고 같아서
문마다 활짝 엽니다

가슴 속에 닫아둔 문까지 모두
열리고 말았는지
시원하다 못해 서늘한 기운까지 들어
오소소 마음을 떨어봅니다

해마다 돌아오는 가을이지만
나이만 헛되이 먹는 것 아닌가 근심스러운데
푸른 하늘을 바라보는 것만으로도 확실히
평안해집니다

답장으로
길가에 핀 예쁜 꽃 한 송이를 찍어 보냅니다
내 세상에 비해
너무 화사한 것은 아닌지 모르겠습니다

굽은 길

모든 굽은 것들은
사랑의 모형을 베낀 것이다

길은 굽어야 급하지 않고
여유를 가지며
비로소 주위를 둘러보게 되고

강은 굽어야
두루 살피며 뿌리들을 적시고
제 안에 살아가는 것들에게도
안식을 주나니

보라,
웃음 소리조차도
굽어굽어 동그랗지 않는가

조금 늦으면 어떤가
조금 무디면 어떤가

가슴과 가슴 사이에도
동그랗게 굽은 길 하나 놓이길 바란다

에라이, 모르겠다

처음 비를 맞을 때가 당황스럽다
손으로 가리고 두 팔을 올리고
숭숭 허위 바람뿐인 나무 가지 아래에서도
온몸을 가리고 선다

팔뚝이 젖고 가슴이 젖고
바지까지 젖은 다음에야 에라이, 모르겠다
비를 피하지 않는다

전폭적으로 비를 맞으며
이까짓 것, 한다

그렇게 이 세상의 영욕을 견디어 왔다
폭우처럼 쏟아지는 비난도, 칭찬도
견디어 왔다

부귀도 명예도 건강도
에라이, 모르겠다 할 때쯤이
절정이다

꼭 사랑에 빠졌다가 헤어질 때와
똑 같다
이까짓 것, 한다

날개를 말리는 것이 우선이다

나비가 고치에서 나와
맨 처음 하는 일은
날개를 말리는 일이다

햇볕 아래 날개를 펼치고
열기를 받아들이는 것이
부끄러움이 될 순 없다

마침내 바람을 따라 두 날개를 펼칠 때
향기로운 꽃이 보이는 것이니
마음껏 날아 젖은 꽃잎 위에 앉아도
다시는 날개가 젖지 않는다

그대여, 세상이 재촉하더라도
급하게 날아오르느라 서두르지 마시라
잠시 마음을 꺼내어
고루고루 잘 말리는 것

비상은 그 다음 일이다

무담시

전라도 사투리에 무담시란 말이 있는데
안해도 되는 것을 저지르는
괜히, 와 비슷한 뜻인데
살아오다 보니
무담시, 저지른 일이 참 많네

무담시,
지나버린 인연들이 떠오르기도 하고
가슴에 절절하게 색인된 잘못들이
이제와 후회가 되거나
연민이 되네

나와 그대가
무담시, 란 말 안에 거할 수도 있다는 것
돌아서서 쿡쿡 웃거나
하늘 무너지게 꺼이꺼이 울 수도 있다는 것

무담시,

그렇지도 않겠는가
가슴이 절절해지네

■ 평설

시의 위의威儀,
그 서정과 화자의 단속斷續으로서의 위상

노 창 수
_시인·문학평론가

　무릇 시가 살아있다는 것은 시적 대상에 대한 생명성과 생태성이 화자에 의해 다양하게 포획捕獲되고 집적集積되었을 때를 이르는 말이다. 그건 시의 위의라 해도 좋을, 흔히 서정과 화자 간의 단속적 관계를 통하여 실증되곤 한다. 김영천 시인은 이번 시집 '시인의 말'에서 "감성과 관념 사이를 오고 가며 사설과 난해 사이를 오고 가며 몇 번씩이나 피를 토해도 아직 소리가 트이지 않는다"고 겸허의 시학을 피력한다. 이어 그런 겸허함 못지않게 "퉁퉁 부어오른 목을 싸매고 마땅히 당신 앞에 서서 부끄러워 하다가 불쑥 떠오르는 해라도 삼켰는지 뜨거운 피돌기, 제 안으로 용암처럼 끓는 음소의 단위들이 중얼중얼거리며 제 숨길을 열어 놓는다"는 의욕적인 육언肉言을 들려준다. '뜨거운 피돌기'로

육肉과 심心의 소리, 나아가 투혼鬪魂의 바람인양 시를 쟁의의 목적으로 삼아왔다면, 그의 생명성은 시집 『구겨진 종이가 멀리 날아간다』에 나타난바 편력적 생태성 보다도 훨씬 뼈저린 고투의 삶에 뿌리박고 있음을 알겠다.

그의 시는 몇 가지 특성을 보이는데, 우선 화법의 친화력이다. 편지 형식과 호소문 형식, 토박이말이나 토속어를 구사하는 화자를 설정함으로써 청자 지향을 하고 있음에서이다. 두 번째는 시적 전개 안에 숨겨져 있는 교훈성이다. 자연 현상이나 생래적 인과율을 바탕으로 깨달음의 깊이에 이르게 하는 그 길라잡이를 하고 있음에서이다. 세 번째는 비견·비유의 대상에 전고詮考의 형식을 차용하는 시학으로 인문학적 경향을 보이는 점이다. 즉 고전 지식의 알레고리로 현대의 삶을 풍자해 내는 시학을 나타내는 것이다.

이제, 시인의 이러한 시적 경향에 관한 작품 사례를 거슬러 가, 화자와 시인 사이의 진술로 귀납하거나 또는 연역해 보이고자 한다.

시인은 "소리가 트일 때도 되었는데 아직도 쩍쩍 갈라지거나 목이 쉬어 가라앉은 소리"가 난다는 겸손법으로 자신의 시적 음성을 우려한다. 하지만 그의 시는 농익은 발효인자醱酵因子를 가지고 있어서 시편마다 기승전결이 분명하고 설득의 논리성이 강하다는 장점이 우선 보인다.

    직립의 나무가 몸을 눕혀
    마루가 되었다

    내내 감추던 결 다 내보이며

날마다 발에 밟혀 지내고서야
옹이마저 빛이 난다

모든 걸음을 다 받아들이는 건
체념이 아니라
용납이다

비로소, 그대들의 등을 온몸으로
안을 수 있게 되었다

―「나무의 결」 전문

  직립의 나무가 몸을 눕힐 땐 무엇인가 이루기 위해 그 목적물에 몸체를 허락하는 일이다. 그것은 타자에 공양·봉헌되는 몸이기도 하다. 동안 내밀히 쌓아온 자신의 결을 바야흐로 돋보이도록 깎고 다듬는 몸살을 마다하지 않는 것이다. 해서, 살림 가구가 되거나, 캄캄한 아궁이 속의 장작불이 되어 국밥을 끓이고 고픈 자의 무덤 같은 김을 일으킨다. 아니면 그런 집전의 도구가 되기도 한다. 아니, 또 있다. 디러 이승을 떠나는 자의 다비식 불로 타고 오른 혼령이 저승의 고개를 넘도록 불꽃을 만개한 채 바쳐질 때도 있다. 이 시의 방점은 지상의 "모든 걸음을 다 받아들이는" 그 '결texture'에 있다. 그건 "체념이 아닌" 나무 무늬의 방향이 나아갈 스스로의 길을 "용납"하고 허락하며 낮추는 길이다. 사람들이 그의 등을 안을 수 있는 최후의 용납을 빙자한 관용 말이다. 나무의 다감과 포용감을 통해 "내내 감추던" 깊은 "결"을 보여주고자 곁들여 껄끄런 "옹이마저 빛"나게 하는 한 헌신을 시가 교시한다.

바람이 찹니다 드나든 손님을 위해 한 쪽 문이라도 열어 두었으나 어제의 비로 급강하한 기온이 나를 꼭 꼭 걸어 잠그게 합니다 이제 마지막이라며 코스모스 꽃길을 가자던 사람들이 몸을 움추리며 꽃 다 저부렀 겠다야 실망하는 기색이 역력한 것은 지난한 세월 때 문만은 아닙니다 우리 사이에 어떤 종류이건 바람이 야 늘 횡행하던 것 아닙니까 삼십 촉 백열등 하나라 도 켜두면 훈훈했던 시절이며 홍시 두어 개면 금방 서로 마음을 나누던 여유며 그나마 우리를 지켜 온 것은 손바닥만 한 사랑이었더니 훼절한 연인처럼 함 께 피어났다가 서둘러 떨켜를 닫고 뚝뚝 지는 이들을 문득 기억해 냅니다 그래도 곰곰이 생각해보면 제 상 처를 다 가리우며 스러지는 하루의 끝처럼 지는 것들 은 얼마나 아름다운지요

   꽃잎 대신
   바스락거리며 타는 것들의 향기를
   조금 담아 보냅니다
                                     ―「가을 편지」 전문

  시의 그릇이라 할 형식적 미학은, 거기 담을 담화도 풍요롭게 하는 이치로 보는 건 발레리Paul Varlery(1871~1945)의 시학이다. '아름다운 그릇의 음식이 더 먹음직스럽게 보인다'거나 '보기 좋은 떡이 먹기도 좋다'는 우리 식의 아포리즘이 더 맞장구를 칠 수 있다. 그만큼 이 시가 미적이자 수용적이다.
  가을로 잡어든 때의 전언 즉 "우리 사이에 어떤 종류이건 바람이야 늘 횡행"했었다는 이별이나 그 상심을 기억하는 가을이다. 그 철엔 "삼십 촉 백열등 하나라도 켜두면 훈훈

했던 시절"과 "홍시 두어 개면 금방 서로 마음을 나누던 여유"도 있었다. 그게 "우리를 지켜온 손바닥만 한 사랑"이었음을 이 늦은 가을에야 깨닫는다. "서둘러 떨켜를 닫"은 화자는 이어 "뚝뚝 지는 이들을 문득 기억해내"며 가을 편지로 소환한다. 이 시의 미학적 형식은 마무리의 매조지에 반환점이듯 담겨 있다. 가을의 정을 "조금" 담았다지만 독자는 이를 가득 호흡하게 된다. "바스락거리며 타는 것들의 향기"를 담아 보낸다는 끝 인사는 그 세월 동안의 잘못과 회한을 빌며 너그럽지 못해 일으켰던 '횡행'에 용서를 구한다.

이런 편지 형식의 시는 「시의적절한 편지」에서도 "꽃 아니면 어떠한가/ 나 그대를 소식으로 마주하네"와 같은 미학적 마무리가 보인다.

> 뿌리로부터 걸어온 길이다
> 날마다 끝을 향해 오르는 그 길이
> 아직 목마르다
>
> 한 해 내내 앓아왔던 가슴앓이 떨치고
> 새로이 마음 다짐한다
>
> 무슨 일이든지
> 시작을 하면 끝을 보는 성질이라 했다
> 시작이 어렵지
> 시작만 하면 이미 끝난 거나 다름 없다 했다
>
> 꽝꽝한 가지마다
> 푸릇푸릇 잎새를 틔운다

혼신을 다 해 걸어온 그 길의 끝에서 마침내
붉게 타오를,

불같은 성질
애써 참고 있다
―「해거리 했던 감나무의 노래」 전문

"뿌리로부터 걸어온 길"로 접어든 감나무는 이제 "끝을 향해 오르"며 목말라한다. 나무는 "한 해 내내 가슴앓이"를 했지만 다시 앓으며 인내한 만큼 열매를 다짐한다. 나무는 "시작을 하면 끝을 보는 성질"을 타고 "꽝꽝한 가지마다" 시인의 창작 열기와도 같이 새 "잎새를 틔"우려 제 힘을 비축한다. 그래 "혼신을 다해 걸어온 그 길의 끝에서" 그가 서 있다. "붉게 타오를" 불같은 성질을 이토록 참는 까닭은 장차 그 불을 닮은 바대로 "붉게" 익을 열매를 배태하려는 열정 때문이다. 감나무의 생태적 편력, 아니 편력적 생명으로 스스로를 일으켜 부지扶持함에서 화자는 더 경건해지며, 그는 독자 앞에 스스럼 또한 없다. 시의 스토리가 숨차게 전개되어 한 편의 단편 또는 극기로 살아온 가족사의 다큐를 읽는 기분이다.

풀잎 위에 빗방울이
후두둑, 떨어집니다
누가 맨 처음 그 소리를 사용하였는지
모르지만
정말 후두둑, 하고 소리가 납니다

아마도 맨 처음 그 사람은

좋은 목소리를 가진 것이 틀림 없습니다
풀잎 위에, 나무 위에 떨어지는 빗소리에
귀를 기울이고는
가만히 그 소리를 따라 해보았을 것이
분명하니까요

후두둑,
가슴 속에서 문득 그런 소리나 나던 날이
있었을 것이니까요

눈물처럼 빗방울들이 그렁그렁 거리다가
주루룩 흐르기도 합니다
후두둑, 빗소리를 들으며
당신을 그리워하는 이유입니다

―「후두둑」 전문

  지상의 소리는 모두 자연의 발자국이란 말이 있다. 바람과 비가, 또는 물과 나무가 저릿거리며 훑고 간 흔적 그 안쪽에 안테나 같은 시적 청각이 솟아있다. 빗방울 떨어지는 소리로부터 연유해 낸 "후두둑"이란 제목은 시의 구성을 더 값게 하는 알레고리이다. "누가 맨 처음 그 소리를 사용하였는지 모르지만 정말 후두둑, 하고 소리가" 난다는 말의 도입부터 감정과 정서의 상승기류를 탄다. "아마도" 그 사람은 "좋은 목소리를" 가졌을 거라는 예견적 확신을 갖는 것도 그렇다. 숨겨져 있지만 가슴으로부터 이어지는 투명한 귀를 가졌음도 이를 확인해 보인다. 헌데, 이 시는 다른 시도 그렇지만 끝 부분이 더 극적이다. 그 "빗소리"는 "당신을 그리워하는 이유"가 된다는 데에 이르는 것이다. "후두둑" 그 빗소리에 깃든 가슴의 고동소리가 그대와 나의 애틋한 마음 사이를 비집고 젖어오는 때문이다.

    내 생각은 아무래도
    사각형이다

    동그랗게 원만하지 못하고
    각이 서 있다

    생각이 곧 말이라는데
    말에 날이 선 것은
    생각의 상처다

    마우스피스를 단단히 끼고
    죽어라 두 팔을 내 뻗는,
    내 생각은 아무래도
    사각의 링이다

    어떤 아픔보다 더 통렬하고
    어떤 슬픔보다 더 장렬한,

    피가 터지도록 세상을 향해
    내 뻗는
    이 생각의 종주먹

                            —「생각의 실체」 전문

  우리의 생각에는 그 실체가 있을까 없을까. 생각의 몸체는 생각을 지배하지만 생각은 생각의 몸체를 따르지 못한다. 몸이 힘을 잃었을 때 생각은 잘 작동되지 않기 때문이다. 화자는 얼핏 겉으로 보기엔 원만한 것 같지만 그리 되지 못함을 하소연한다. 둥글지 못한 생각, 그래 각이 선 것은 내 생각이 상처난 때문이다. 사각형의 말에 날이 선 생각은 또 다른 상처를 새길 수 있다. 상대를 향해 힘껏 "두 팔을 뻗는" 생각은 지금 "사각의 링"에 있어 공이 울리면 공격적으로 변한다. 상대를 의식하는 생각은 늘 이처럼 경쟁의식을 빚기 마련이다. "피가 터지도록 세상을 향해 내뻗는 이 생각의 종주먹"은 과연 누구를 향할까. 모르면 몰라도 그건 나와 관계가 깊은 사람일 것이다. 생각을 모난 사각형으로 보는 자아란, 마찬가지로 말에 날이 서 있을 만큼 저항적이고 비판적이다. 이제 이러한 생각의 실체를 인지하고 뒤늦게나마 모난 사각형을 문지르게 된다. "피 터지는" 싸움판으로 내몰린 생각은 "종주먹" 같이 불끈 쥔 손을 믿어야 하리라. 이 시는 스스로 주먹을 쥐면서도, 화자가 자신을 향해 있는 종주먹에 대하여 느끼듯이 끝내 모난 사각형을 포기하지 않는 모순을 상징하고 있다.

> 처음 비를 맞을 때가 당황스럽다
> 손으로 가리고 두 팔을 올리고
> 숭숭 허위 바람뿐인 나무 가지 아래에서도
> 온 몸을 가리고 선다
> 팔뚝이 젖고 가슴이 젖고
> 바지까지 젖은 다음에야 에라이, 모르겠다
> 비를 피하지 않는다
> 전폭적으로 비를 맞으며
> 이까짓 것, 한다
> 그렇게 이 세상의 영욕을 견디어 왔다
> 폭우처럼 쏟아지는 비난도, 칭찬도

견디어 왔다
부귀도 명예도 건강도
에라이, 모르겠다 할 때쯤이
절정이다
꼭 사랑에 빠졌다가 헤어질 때와
똑 같다
이까짓 것, 한다

—「에라이, 모르겠다」 전문

우리는 생의 순간순간을 지나오며 자신의 애쓴 흔적을 반추해 보다가 무작정 앞으로 나아가려 할 경우가 있다. 포기한 듯하지만 오히려 다시 도전하고자 하는 사람에게 일어나는 극화적 발화가 이 "에라이, 모르겠다"이다. 그런 소리를 할 때쯤 순간이 절정이듯 하려는 시도 또한 목적의식으로 작심은 분명해진다. 예컨대 "사랑에 빠졌다가 헤어질 때"도 똑 같이 말한다. 뭐 "이까짓 것" 잊어버리지 하는 말이다. '이까짓 것 쯤이야'란 말은 줄여서 더 거친 속셈의 말이 된다. 누군가 나를 위해 '백그라운드', 즉 배경의 힘이 되어 줄 때 자신 있게 "이까짓 것"이란 당당한 소리를 내기도 한다. 하지만 그 사랑의 고통 같은 실루엣은 또 남아 그를 괴롭힐 것이다. "에라이, 모르겠다"는 말의 뉘앙스는 심히 도전적이다. 난세를 견디며 실패를 딛고 시도해 보려는 사람의 의지이기도 할 것이다.

그렇게
무덤덤한 시선은 사절합니다

증오나 멸시의 눈길을 주시던지

차라리 야멸차게 구겨서
멀리 던지십시오

곱게 접은 종이비행기는
오히려 유선의 미를 즐기며
돌아오고야 말 것입니다

무엇을 적었던지
수없이 지우고 적고 또다시 지웠던지
이젠 망설임 없이 나를
구겨버리세요

한 장의 파지가 가는 길이
역사의 한 페이지라면
단정하게 갈피를 짓지 않겠습니다

휘익, 하는 소리 한 마디 없이
멀리 날아가
툭,
꽃처럼 떨어지겠습니다

제발
반전은 기대도 하지 마세요
―「구겨진 종이가 멀리 날아간다」 전문

  시의 논리가 세상의 논리에 반한다는 말이 있다. 이를 다시 바꾸어 쓰면 세상의 이치를 가지고 시를 써서는 안 된다는 말이다. 그만큼 세상의 일이 상식 투성이기 때문이다. 시의 논리에는 약간 '어거지'가 오히려 힘을 얻게 할 수도 있다. 형식주의자들이 말한 '낯설게하기'론, 그리고 우리의 상징주의 시인 황석우黃錫禹(1895~1959)의 지적대로 '인어人語'가 아닌 '영어靈語'의 언어로 시를 써야 하는 이유에서이다. 인상적인 발상, 나아가 역설적인 언어에서라야 시는 읽을 맛을 회복한다. 뻔한 이치와 말로는 시의 위의에 도달할 수가 없다. "구겨진 종이가 멀리 날아간다"는 구절도 세상의 논리를 극복하는 시의 논리일 법하다. "증오나 멸시의 눈길"로 "야멸차게 구겨서" 던져버리라고 명령하는 종이의 절규가, 곱게 접은 종이비행기에 비해 세상의 끝을 향해 더 열려 있다고 재해석해 들려준다. 그래 종이는 곱게 접는 게 좋다는 상식을 깨뜨릴 수 있다. 되지 않을 시를 쓰다가 "수없이 지우고 적고 또다시 지우"며 "구겨버린" 종이는 얼마나 많은가. 나아가, 더 많이 틀렸을 때 그 종이를 힘껏 구겨 더 멀리 던져버리던 일 말이다. 파지로 말미암아 "역사의 한 페이지"가 중언된다면 단정히 갈피를 짓지 않으려는 화자의 이 같은 역설이 박수를 받을만하다. 종이의 생애에 '구겨버린다'는 반전은 기대하지도 않았을 것이기 때문이다.

>죽어가는 새의 똥구멍을
>불어 본 적이 있는가
>
>꼭 다문 부리며
>파르르 떠는 눈이 아니라
>힘없이 괄약근을 풀어버리는
>똥구멍에 대고
>호호, 바람을 불어본 적이 있는가
>
>산비알 넘어 햇살에

따뜻하게 구워진 바람 한 자락이
겨울의 똥구멍에 대고
호호, 입 바람을 불어넣는 것을 보며
금세라도 팔딱팔딱 날개를 치며
일어설 것 같은
저 깜깜한 들녘을 보며
내가 비로소 소망을 품나니

죽어가는 새의 똥구멍을
불어본 적이 있는가

뜨끈뜨끈한 구들목에 앉아
잘 익은 항문을 들썩이며
봄을 기다리듯이
   ―「죽어가는 새의 똥구멍을 불어본 적이 있는가」 전문

  죽어가는 새는 제 똥구멍의 괄약근을 그만 풀어버린다. 이에 반해, 화자는 "뜨끈뜨끈한 구들목에 앉아 잘 익은 항문을 들썩이며 봄을 기다"린다. 이 상반되고 모순된 대비는 "깜깜한 들녘"과 "구들목의 방"으로 상징된다. 과연 죽어가는 새의 똥구멍에 대고 따뜻한 봄바람이 불어넣어줄 때가 올 것인가. 새는 겨울 산야를 추위와 배고픔을 끌고 헤매며 그의 똥구멍을 열 수밖에 없는 고통스런 죽음 앞에 압박당한다. 그러나 화자는 방안의 구들장에 항문을 덥히며 "죽어가는 새의 똥구멍"을 걱정한다. 자신의 편안한 환경 속에서 남의 불행을 계산하는 모순과 이율배반의 인간답지 못한 비의가 점철되어 있다. '야생의 새'와 '문명의 사람'이 다르다는 이데올로기는 반생명적이다. 새의 똥구멍은 따뜻하게 구워진 봄바람을 기다리지만 정작 봄이 와야 가능하다. 그러나 사람은 불을 지핀 방에 앉아 항문을 노곤하게 지지면서, 찬바람 속의 새의 똥구멍을 상상 속에서만 들여다본다. 마찬가지 사회의 이 '내로남불'은 여전히 꺼지지 않을 불이다.

이렇듯 각 시의 종결 부분에서 집약, 도약, 전위, 반전의 시학을 보여주는 게 이 시인의 기술이다.

이상에서 김영천 시인의 작품을 개괄적으로 살펴보았다. 우선 그의 시는 안정감과 균형감각으로 작품을 살아있게 한다. 나아가 대상을 표현하고 진술하는 시적 개안이 잘 트여 있음을 보인다. 사실 시란 어떤 틀도 내용도 정해지지 않는 게 좋다. 그만큼 시는 독자적인 장르이다. 여기 동원된 시들도 대부분 독립적인 세계를 구축한다. 해서 시인의 시를 읽으며 독자가 안심하게 된다. '안심한다'는 이 말을 하는 이유가 있다. 요즘 우리 지역에서 나오는 시집은 읽기에 불안하기 때문이다. 그것은 진술과 발상이 시적이지 않고 산문적이어서 '또 그렇고 그런 시구나' 하는 기대에 어긋난 우려로 계속 읽기를 포기하는 일이 그렇다. 하지만, 이 시집은 끝까지 주목해서 읽을 수 있었다. 어느 편을 골라 해설해도 좋을 만큼 고른 수준의 시들로 편집된 시집이었기 때문이다. 김영천 시인은 이번 시집 발간을 계기로, 자유주의적인 발상과 아이디어의 시, 또 이를 유지하기 위한 시적 긴장과 시의 위의를 놓치지 않기를 바란다.

김영천 제8시집

구겨진 종이가 멀리 날아간다

인　　쇄	2021년 6월 11일
발　　행	2021년 6월 15일
지 은 이	김 영 천
펴 낸 이	박 형 철
편집총괄	박 미 라
편　　집	국 진 경
펴 낸 곳	(사)한림문학재단 · 도서출판 한림
	61488 광주광역시 동구 백서로125번길 11(금동)
	(062)226-1810(代) · 3773 FAX 222-9535
	E-mail hanlim66@hanmail.net
	출판등록　제05-01-0095호(1990. 12. 14.)
	공보처등록　바1717호(1992. 6. 2.)

ⓒ 김영천, 2021
값 10,000원
ISBN 978-89-6441-409-5　03810

* 이 책의 판매처 : 서울/ 교보문고
　　　　　　　　　경기/ 인터파크

※ 이 책은 (재)전라남도문화관광재단에서 출판비 일부를 지원받았습니다.